DÉCRET DU 18 NOVEMBRE 1882

ET

INSTRUCTION DU 31 JUILLET 1889

RELATIFS AUX

ADJUDICATIONS PUBLIQUES
ET AUX MARCHÉS

PASSÉS AU NOM DE L'ÉTAT

3° Édition, mise à jour et annotée jusqu'en août 1893.

PARIS
11, Place St-André-des-Arts.
LIMOGES
Nouvelle Route d'Aixe, 46.

Henri CHARLES-LAVAUZELLE
Éditeur militaire.

1893

DÉCRET DU 18 NOVEMBRE 1882

ET

INSTRUCTION DU 31 JUILLET 1899

RELATIFS AUX

ADJUDICATIONS PUBLIQUES
ET AUX MARCHÉS

PASSÉS AU NOM DE L'ÉTAT

3ᵉ Édition, mise à jour et annotée jusqu'en août 1893.

PARIS	LIMOGES
11, Place St-André-des-Arts.	Nouvelle Route d'Aixe, 46.

Henri CHARLES-LAVAUZELLE

Éditeur militaire.

1893

SOMMAIRE

---

*Décret du 18 novembre 1882 (J. M., p. 420), relatif aux
adjudications et aux marchés passés au nom de l'Etat.*

Le Président de la République française,

Sur le rapport du Ministre des finances,

Vu l'avis de la commission instituée par le décret du 31 janvier
1878, pour la revision du règlement général sur la comptabilité
publique ;

Vu la loi du 31 janvier 1833, portant : « Art. 12. Une ordonnance royale réglera les formalités à suivre, à l'avenir, dans tous les
marchés passés au nom du Gouvernement » ;

Vu l'ordonnance du 4 décembre 1836 ;

Vu le décret du 31 mai 1862, portant règlement sur la comptabilité publique ;

Le Conseil d'Etat entendu,

Décrète :

Art. 1er. Les marchés de travaux, fournitures ou transports au
compte de l'Etat sont faits avec concurrence et publicité, sauf les
exceptions mentionnées à l'article 18 ci-après.

Art. 2. L'avis des adjudications à passer est publié, sauf les cas
d'urgence, au moins vingt jours à l'avance, par la voie des affiches et par tous les moyens ordinaires de publicité.

Cet avis fait connaître : 1° le lieu où l'on peut prendre connaissance du cahier des charges ; 2° les autorités chargées de procéder
à l'adjudication ; 3° le lieu, le jour et l'heure fixés pour l'adjudication.

Il est procédé à l'adjudication en séance publique.

Art. 3. Les adjudications publiques relatives à des fournitures,
travaux, transports, exploitations ou fabrications qui ne peuvent
être, sans inconvénient, livrés à une concurrence illimitée, sont
soumises à des restrictions permettant de n'admettre que les soumissions qui émanent de personnes reconnues capables par l'administration au vu des titres exigés par le cahier des charges et
préalablement à l'ouverture des plis renfermant les soumissions (1).

---

(1) Le mode d'achat par concours, quoique non prévu nominalement, est
cependant maintenu ; l'autorisation résulte d'une manière suffisamment expli-
cite des dispositions de l'article 3. (Circ. du 7 avril 1883, *J. M.*, p. 361.)

Art. 4. Les cahiers des charges déterminent l'importance des garanties pécuniaires à produire :

Par les soumissionnaires, à titre de cautionnements provisoires, pour être admis aux adjudications ;

l'ar les adjudicataires, à titre de cautionements définitifs, pour répondre de leurs engagements.

Les cahiers des charges peuvent, s'il y a lieu, dispenser de l'obligation de déposer un cautionnement provisoire ou définitif. Ils peuvent disposer que le cautionnement réalisé avant l'adjudication, à titre provisoire, servira de cautionnement définitif.

Les cahiers des charges déterminent les autres garanties, telles que cautions personnelles et solidaires, affectations hypothécaires, dépôts de matières dans les magasins de l'Etat, qui peuvent être demandées, à titre exceptionnel, aux fournisseurs et entrepreneurs, pour assurer l'exécution de leurs engagements. Ils déterminent l'action que l'administration peut exercer sur ces garanties.

Art. 5. Les garanties pécuniaires peuvent consister, au choix des soumissionnaires et adjudicataires : 1° en numéraire ; 2° en rentes sur l'Etat et valeurs du Trésor au porteur ; 3° en rentes sur l'Etat, nominatives ou mixtes. Les valeurs du Trésor transmissibles par voie d'endossement, endossées en blanc, sont considérées comme valeurs au porteur.

Après la réalisation du cautionnnement, aucun changement ne peut être apporté à sa composition, sauf le cas prévu à l'article 9.

Art. 6. La valeur en capital des rentes à affecter aux cautionnements est calculée : pour les cautionnements provisoires, au cours moyen du jour de la veille du dépôt ; pour les cautionnements définitifs, au cours moyen du jour de l'approbation de l'adjudication.

Les bons du Trésor à l'échéance d'un an ou de moins d'un an sont acceptés pour le montant de leur valeur en capital et intérêts.

Les autres valeurs déposées pour cautionnement sont calculées d'après le dernier cours publié au *Journal officiel*.

Art. 7. Les cautionnements, quelle qu'en soit la nature, sont reçus par la Caisse des dépôts et consigations ou par ses préposés ; ils sont soumis aux règlements spéciaux à cet établissement.

Les oppositions sur les cautionnements provisoires ou définitifs doivent avoir lieu entre les mains du comptable qui a reçu lesdits cautionnements. Toutes autres oppositions sont nulles et non avenues.

Art. 8. Lorsque le cautionnement consiste en rente nominative, le titulaire de l'inscription de rente souscrit une déclaration d'affectation de la rente et donne à la Caisse des dépôts et consignations un pouvoir irrévocable à l'effet de l'aliéner s'il y a lieu.

L'affectation de la rente au cautionnement définitif est mentionnée au grand livre de la dette publique.

Art. 9. Lorsque des rentes ou valeurs affectées à un cautionnement définitif donnent lieu à un remboursement par le Trésor, la somme remboursée est touchée par la Caisse des dépôts et consignations, et cette somme demeure affectée au cautionnement jusqu'à due concurrence, à moins que le cautionnement ne soit reconstitué en valeurs semblables.

Art. 10. La Caisse des dépôts et consignations restitue les cautionnements provisoires au vu de la mainlevée donnée par le fonctionnaire chargé de l'adjudication ou d'office aussitôt après la réalisation du cautionnement définitif de l'adjudicataire.

Les cautionnements définitifs ne peuvent être restitués en totalité ou en partie qu'en vertu d'une mainlevée donnée par le Ministre ou le fonctionnaire délégué à cet effet.

Art. 11. Sont acquis à l'Etat, d'après le mode déterminé à l'article suivant, les cautionnements provisoires des soumissionnaires qui, déclarés adjudicataires, n'ont pas réalisé leurs cautionnements définitifs dans les délais fixés par les cahiers des charges.

Art. 12. L'application des cautionnements définitifs à l'extinction des débets liquidés par les Ministres compétents a lieu aux poursuites et diligences de l'agent judiciaire du Trésor public, en vertu d'une contrainte délivrée par le Ministre des finances.

Art. 13. Les soumissions, placées sous enveloppes cachetées, sont remises en séance publique.

Toutefois, les cahiers des charges peuvent autoriser ou prescrire l'envoi des soumissions par lettres recommandées ou leur dépôt dans une boîte à ce destinée ; ils fixent le délai pour cet envoi ou ce dépôt.

Lorsqu'un maximum de prix ou un minimum de rabais a été arrêté d'avance par le Ministre ou par le fonctionnaire qu'il a délégué, le montant de ce maximum ou de ce minimum est indiqué dans un pli cacheté déposé sur le bureau à l'ouverture de la séance.

Les plis renfermant les soumissions sont ouverts en présence du public ; il en est donné lecture à haute voix.

Art. 14. Dans le cas où plusieurs soumissionnaires offriraient le même prix et où ce prix serait le plus bas de ceux portés dans les soumissions, il est procédé à une réadjudication, soit sur de nouvelles soumissions, soit à l'extinction des feux, entre ces soumissionnaires seulement.

Si les soumissionnaires se refusaient à faire de nouvelles offres ou si les prix demandés ne différaient pas encore, le sort en déciderait.

Art. 15. Les résultats de chaque adjudication sont constatés par un procès-verbal relatant toutes les circonstances de l'opération.

Art. 16. Il peut être fixé par le cahier des charges un délai pour recevoir des offres de rabais sur le prix de l'adjudication. Si, pendant ce délai, qui ne doit pas dépasser vingt jours, il est fait une ou plusieurs offres de rabais d'au moins 10 p. 100, il est procédé à une réadjudication entre le premier adjudicataire et l'auteur ou les auteurs des offres de rabais, pourvu qu'ils aient, préalablement à leurs offres, satisfait aux conditions imposées par le cahier des charges pour pouvoir se présenter aux adjudications.

Art. 17. Sauf les exceptions spécialement autorisées ou résultant des dispositions particulières à certains services, les adjudications et réadjudications sont subordonnées à l'approbation du Ministre et ne sont valables et définitives qu'après cette approbation (1). Les exceptions spécialement autorisées doivent être relatées dans le cahier des charges.

Art. 18. Il peut être passé des marchés de gré à gré :

1° Pour les fournitures, transports et travaux dont la dépense totale n'excède pas 20,000 francs, ou, s'il s'agit d'un marché passé pour plusieurs années, dont la dépense annuelle n'excède pas 5.000 francs ;

2° Pour toute espèce de fournitures, de transports ou de travaux, lorsque les circonstances exigent que les opérations du Gouvernement soient tenues secrètes ; ces marchés doivent préalablement avoir été autorisés par le Président de la République, sur un rapport spécial du Ministre compétent ;

3° Pour les objets dont la fabrication est exclusivement attribuée à des porteurs de brevets d'invention ;

4° Pour les objets qui n'auraient qu'un possesseur unique ;

5° Pour les ouvrages et objets d'art et de précision dont l'exécution ne peut être confiée qu'à des artistes ou industriels éprouvés ;

6° Pour les travaux, exploitations, fabrications et fournitures qui ne sont faits qu'à titre d'essai ou d'étude ;

---

(1) Par application de la faculté donnée, à titre exceptionnel, par ledit article 17, les fonctionnaires de l'intendance peuvent continuer d'accepter définitivement, au nom du Ministre, et séance tenante, les résultats des adjudications de fournitures de denrées par marchés de livraison, ainsi que les marchés qui auront été passés de gré à gré, dans le délai de quarante-huit heures suivant une adjudication demeurée infructueuse en tout ou en partie. (Circ. du 7 avril 1883, J. M. p. 361.)

7° Pour les travaux que des nécessités de sécurité publique empêchent de faire exécuter par voie d'adjudication ;

8° Pour les objets, matières ou denrées qui, à raison de leur nature particulière et de la spécialité de l'emploi auquel ils sont destinés, doivent être achetés et choisis aux lieux de production ;

9° Pour les fournitures, transports ou travaux qui n'ont été l'objet d'aucune offre aux adjudications, ou à l'égard desquels il n'a été proposé que des prix inacceptables (1) ; toutefois, lorsque l'administration a cru devoir arrêter et faire connaître un maximum de prix, elle ne doit pas dépasser ce maximum ;

10° Pour les fournitures, transports ou travaux qui, dans les cas d'urgence évidente amenée par des circonstances imprévues, ne peuvent pas subir les délais des adjudications ;

11° Pour les fournitures, transports ou travaux que l'Administration doit faire exécuter au lieu et place des adjudicataires défaillants et à leurs risques et périls ;

12° Pour les affrétements et pour les assurances sur les chargements qui s'ensuivent ;

13° Pour les transports confiés aux administrations de chemins de fer ;

14° Pour les achats de tabac et de salpêtres indigènes, dont le mode est réglé par une législation spéciale ;

15° Pour les transports de fonds du Trésor.

Art. 19. Les marchés de gré à gré sont passés par les Ministres ou par les fonctionnaires qu'ils ont délégués à cet effet. Ils ont lieu :

1° Soit sur un engagement souscrit à la suite du cahier des charges ;

2° Soit sur une soumission souscrite par celui qui propose de traiter ;

3° Soit sur correspondance, suivant les usages du commerce.

Tout marché de gré à gré doit rappeler celui des paragraphes de l'article précédent dont il est fait application. Les marchés passés par les délégués du Ministre sont subordonnés à son approbation, si ce n'est en cas de force majeure ou sauf les dispositions particulières à certains services et les exceptions spécialement autorisées.

Les cas de force majeure ou les autorisations spéciales doivent être relatés dans lesdits marchés.

Les dispositions des articles 4 à 12 du présent décret sont applicables aux garanties stipulées dans les marchés de gré à gré.

Art. 20. A l'égard des ouvrages d'art et de précision dont le prix

---

(1) Il ne peut être traité de gré à gré, à la suite d'adjudications infructueuses, à des prix plus élevés que la limite fixée pour ces adjudications, alors que, aux termes des instructions, cette limite doit toujours rester non connue du public. (Circ. du 7 avril 1883, *J. M.*, p. 361.)

ne peut être fixé qu'après l'entière exécution du travail, une clause spéciale du marché détermine les bases d'après lesquelles le prix sera liquidé ultérieurement.

Art. 21. Les droits de timbre et d'enregistrement auxquèls donnent lieu les marchés, soit par adjudication, soit de gré à gré, sont à la charge de ceux qui contractent avec l'Etat.

Les frais de publicité restent à la charge de l'administration.

Art. 22. Il peut être suppléé aux marchés écrits par des achats sur simple facture, pour les objets qui doivent être livrés immédiatement, quand la valeur de chacun de ces achats n'excède pas 1,500 francs.

La dispense de marché s'étend aux travaux ou transports dont la valeur présumée n'excède pas 1,500 francs. et qui peuvent être exécutés sur simple mémoire.

Art. 23. Les dispositions du présent décret, concernant les adjudications publiques, et les marchés de gré à gré, né sont pas applicables aux travaux que l'administration est dans la nécessité d'exécuter en régie, soit à la journée, soit à la tâche.

L'exécution en régie est autorisée par le Ministre ou par son délégué.

Les fournitures de matériaux nécessaires à l'exécution en régie sont néanmoins soumises, sauf les cas de force majeure, aux dispositions des articles 1er à 22.

Art. 24. Les travaux neufs exécutés par voie d'entreprise pour les bâtiments de l'Etat ne peuvent avoir lieu qu'après l'approbation des devis qui en déterminent la nature et l'importance.

Art. 25. Conformément aux dispositions de l'article 9 de la loi du du 15 mai 1850, il ne sera accordé aucun honoraire ni indemnité aux architectes chargés de travaux au compte de l'Etat pour les dépenses qui excéderaient les devis approuvés.

Art. 26. Le mode d'approvisionnement des tabacs exotiques employés par l'Administration est déterminé par un règlement spécial.

Art. 27. Les cahiers des charges, marchés, traités ou conventions à passer pour les services du matériel doivent toujours exprimer l'obligation, pour tout entrepreneur ou fournisseur, de produire les titres justificatifs de ses travaux, fournitures et transports, dans un délai déterminé, sous peine de déchéance.

Art. 28. Les dispositions des articles 1 à 25 ne sont pas applicables aux marchés passés aux colonies ou hors du territoire de la France ou de l'Algérie.

A partir de l'ordre de mobilisation, les dispositions du présent décret cessent d'être obligatoires pour les départements de la guerre et de la marine.

Art. 29. Sont et demeurent abrogés l'ordonnance du 4 décembre

1836 et les articles 68 à 81 du décret du 31 mai 1862, portant règlement sur la comptabilité publique, ainsi que toutes les dispositions contraires au présent décret.

Art 30. Le Ministre des finances et tous les autres Ministres sont chargés, chacun en ce qui le concerne, de l'exécution du présent décret, qui sera inséré au *Journal officiel* et au *Bulletin des lois.*

Fait à Paris, le 18 novembre 1882.

Signé : JULES GRÉVY.

Par le Président de la République :
  Le Ministre des finances,
    Signé : P. TIRARD.

*Lettre collective du 2 décembre 1882 (J. M., p. 419), au
sujet de l'application des dispositions du décret du 18 novembre 1882, relatif aux adjudications et marchés passés
au nom de l'Etat.*

Messieurs, un décret du 18 novembre dernier, inséré au *Journal
officiel* du 20 du même mois, et relatif aux adjudications et aux
marchés passés au nom de l'Etat, modifie certaines dispositions
de celui du 31 mai 1862, portant règlement sur la comptabilité
publique, et, par suite, du règlement du 3 avril 1869, qui concerne
spécialement le département de la guerre.

J'ai l'honneur d'appeler tout particulièrement votre attention
sur les prescriptions de ce décret, dont la teneur suit, et je vous
prie de tenir compte des modifications qu'elles comportent dans
la rédaction des projets de cahiers des charges et des marchés
que vous pourrez avoir à établir à l'avenir.

Vous voudrez bien remarquer, notamment, que les procès-verbaux d'adjudications et les marchés de gré à gré doivent toujours
être subordonnés à l'approbation du Ministre, à moins de force
majeure ou d'exceptions spécialement autorisées, et que, dans ces
derniers cas, *les circonstances de force majeure ou les autorisations
spéciales doivent être relatées dans les cahiers des charges ou les
marchés;*

Que les entrepreneurs et fournisseurs restent libres désormais
de choisir les valeurs (numéraire ou titres sur l'Etat français)
qu'ils se proposent d'affecter à la constitution des cautionnements
qui leur sont imposés; que ces cautionnements, quelle qu'en soit
la nature, sont reçus par la Caisse des dépôts et consignations ou
par ses préposés, et que dès lors il n'est plus besoin d'autorisation
spéciale pour la constitution des cautionnements en rentes sur
l'Etat (1).

Vous remarquerez également que les immeubles ne sont plus
désignés comme pouvant être admis à titre de cautionnement
proprement dit; toutefois, l'article 4, § 5, autorisant l'acceptation
d'affectations hypothécaires, il y aura lieu de libeller à l'avenir la
clause relative au cautionnement ainsi qu'il suit :

« L'adjudicataire (*ou* l'entrepreneur, *ou* le fournisseur) devra
« réaliser dans un délai de   à compter du jour de la
« notification de l'approbation de son traité, un cautionnement

---

(1) Nota. — Ces dispositions, nécessitant de la part du ministère des finances une remise de service et de la part de la Caisse des dépôts et consignations des instructions à tous ses préposés, ne pourront être appliquées qu'à
partir du 1er janvier 1883.

« de   en numéraire, ou en valeurs sur l'Etat français,
« au titre de la Caisse des dépôts et consignations.

« Il pourra, sur sa demande et si le Ministre le juge convenable,
« être autorisé à remplacer ce cautionnement par une affectation
« hypothécaire, qui, bien entendu, ne sera acceptée que si elle
« présente des garanties suffisantes. »

Je vous prie d'assurer, chacun en ce qui vous concerne, l'exécution de ces dispositions et de toutes autres qui peuvent entraîner les modifications résultant du décret dont il s'agit.

Signé : BILLOT.

Instruction ministérielle du 31 juillet 1889 (B. O., p. 301), pour les adjudications publiques dans les divers services de l'administration de la guerre, sauf pour les marchés de travaux de constructions militaires.

TITRE Ier.

OPÉRATIONS PRÉLIMINAIRES.

———

Avis des adjudications.

Art. 1er (1). L'avis des adjudications à passer est publié, sauf le cas d'urgence, au moins vingt jours à l'avance, par la voie des affiches, des journaux et autres moyens ordinaires de publicité.

Cet avis fait connaître :

1.º La nature des objets et matières à fournir, des travaux, des transports ou du service à entreprendre ;

2º Le lieu, le jour et l'heure fixés pour l'adjudication ;

3º Les autorités chargées de procéder à l'adjudication ;

4º Le ou les lieux où l'on peut prendre connaissance du cahier des charges, des formalités à remplir par ceux qui veulent concourir, et, s'il y a lieu, des échantillons, modèles, dessins, types, devis, etc., qui ont été adoptés par l'administration ;

5º Les délais accordés pour l'envoi des déclarations d'intention de soumissionner, quand l'adjudication comporte une séance préparatoire.

Des différentes espèces d'adjudications.

Art. 2. Les adjudications peuvent être de deux espèces :

1º L'adjudication simple, qui ne comporte qu'une seule séance dans laquelle l'admissibilité des concurrents résulte de l'acceptation même de leur soumission, en séance publique, par la commission d'adjudication ; ce mode s'applique aux fournitures, travaux, transports, exploitations ou fabrications qui peuvent être fractionnés et livrés sans inconvénient à une concurrence illimitée ;

2º L'adjudication précédée d'une séance préparatoire dans laquelle l'admissibilité résulte de la notification faite à l'intéressé de la décision prise par la commission d'admission, dans une séance préparatoire, non publique. Ce mode d'adjudication est employé quand les fournitures, travaux, transports, exploitations

———

(1) Nouvelle rédaction. — Note du 23 mars 1891 (*B. O.*, p. 341.)

ou fabrications, ne peuvent être confiés qu'à des personnes reconnues capables, remplissant certaines conditions déterminées, et au vu des titres exigés par la présente instruction.

Composition des commissions d'adjudication.

Art. 3. Les commissions d'adjudication comprennent :

1º Un représentant de l'autorité civile ayant la préséance, conformément aux prescriptions des articles 6 et 7 (titre II) du décret-loi du 20 septembre 1791 ;

2º Un représentant du service pour lequel a lieu l'adjudication.
- 1º Officier d'artillerie ;
- 2º Officier du génie ;
- 3º Fonctionnaire de l'intendance ;
- 4º Officier du corps de santé ;
- 5º Ingénieur des poudres et salpêtres ;
- 6º Employé supérieur de l'administration centrale, du grade d'officier supérieur ou assimilé, membre technique.

3º Un officier de la garnison d'un grade au plus égal à celui du membre technique ;

4º Si l'adjudication ne concerne pas les services administratifs un fonctionnaire de l'intendance.

Du rôle de chacun des membres (1).

Art. 4. Le rôle et les attributions de chacun des membres de la commission d'adjudication se définissent comme il suit :

---

(1) Les adjudications publiques de fournitures ou entreprises de la guerre ont lieu au siège même de l'administration civile; le représentant de l'autorité civile investi de la préséance (le maire ou son délégué dans l'espèce) préside l'ensemble des travaux des commissions d'adjudication ; le représentant de l'autorité militaire n'occupe que la seconde place, sauf à lui à présider, au besoin, par rapport aux objets exclusivement militaires, c'est-à-dire à répondre aux questions ou observations techniques qui pourraient être adressées par les négociants ou entrepreneurs admis à soumissionner. (Circ. du 20 juin 1881, *J. M.*, p. 373.)

Le maire peut déléguer pour le remplacer soit l'un de ses adjoints, soit tout autre membre du conseil municipal.

Les convocations doivent être, conformément aux dispositions de l'article 6 des décrets des 20 septembre et 14 octobre 1791, adressées par le président de la commission, d'après les indications qui lui seront fournies, au nom du Ministre, par le chef du service intéressé.

La voix prépondérante en cas de partage des suffrages est attribuée à l'autorité civile.

Dans le cas où l'autorité civile ne se présente pas, il est passé outre après constatation au procès-verbal; le représentant de l'autorité militaire prend, en ce cas, la présidence effective.

(Circ. du 1er septembre 1881, *J. M.*, p. 155.)

1° Le représentant de l'autorité civile, président, convoque la commission d'après les ordres du Ministre qui lui sont communiqués par le représentant du service intéressé ; il est chargé de faire assurer la police de la séance et le maintien de l'ordre ; il déclare ouverte la séance d'adjudication, provoque le dépôt des soumissions, les reçoit, en donne lecture après les avoir visées et datées ; notifie en séance toute décision prise par la commission ; ouvre le prix-limite ; proclame le résultat de l'adjudication ou de la non adjudication ; provoque, s'il y a lieu, un nouveau concours ; rend aux soumissionnaires non adjudicataires les récépissés de cautionnement provisoire qu'ils ont pu déposer en certains cas ; fait rédiger le procès-verbal, en donne lecture et en signe deux originaux dont l'un restera déposé dans ses archives, et dont l'autre sera remis au membre technique avec les pièces annexes ; fait également signer ces deux originaux par tous les adjudicataires, leurs cautions, les réclamants, s'il y en a eu, et les membres de la commission. Il lève la séance lorsque l'opération est terminée.

2° Le membre technique est chargé de préparer les détails de l'opération d'adjudication ; de faire donner toute la publicité reconnue nécessaire à l'adjudication ; de faire connaître ou de proposer, s'il y a lieu, les jour et heure de la séance ; s'il s'agit d'une adjudication donnant lieu à une séance préparatoire, il reçoit les déclarations d'intention de soumissionner qui sont adressées, avec les justifications plus loin indiquées, par les personnes qui désirent prendre part à l'adjudication ; il en accuse réception, en dresse la liste qu'il arrête définitivement au jour fixé comme délai pour le dépôt de ces déclarations ; il recueille auprès des municipalités, des chambres et tribunaux de commerce ou des administrations publiques, et notamment de celles qui ont déjà traité avec les demandeurs, tous les renseignements nécessaires pour apprécier les titres de ces concurrents et de leurs cautions, et éclairer la commission d'admission ; il notifie aux concurrents la décision d'admission ou de refus prise par cette commission ; dresse le procès-verbal de la séance préparatoire et en fait parvenir une expédition à qui de droit. Il est encore chargé de dresser les états de renseignements ou d'évaluation, les états d'effectif, soit en hommes, soit en animaux ; enfin, il réunit tous les autres éléments qui doivent être communiqués ou remis aux soumissionnaires et à leurs cautions pour qu'ils puissent en toute connaissance de cause formuler leurs offres, connaître leurs obligations et les conséquences qui en découlent.

En séance d'adjudication, il donne toutes indications, explications ou renseignements d'ordre technique qui seraient demandés, ou qu'il jugerait utiles ; à l'issue de la séance, il accepte, soit provisoirement, soit définitivement, s'il y a été spécialement autorisé, les marchés au nom du Ministre stipulant pour le compte de l'État. Il adresse immédiatement une expédition du procès-verbal, soit au Ministre, soit au directeur de son service ; fait enregistrer le procès-verbal après approbation définitive donnée par l'autorité compétente ; fait délivrer à qui de droit toute copie ou extrait dudit acte, et assure la conservation, dans les archives du service, du double qui lui a été remis, ainsi que des pièces y relatées, qui doivent rester annexées audit procès-verbal.

L'officier désigné par le commandement comme troisième membre participe aux décisions et aux opérations de la commission. Le fonctionnaire de l'intendance, quand l'adjudication ne concerne pas les services administratifs, a surtout un rôle juridique ; il veille à l'observation des formes prescrites et des règles en la matière.

L'un et l'autre s'éclairent de tous les renseignements qu'ils croient devoir demander au président et au membre technique.

TITRE II.

DES ADJUDICATIONS SIMPLES.

Admission à concourir (1).

Art. 5. En principe, nul n'est admis à concourir à une adjudication pour des fournitures à faire à un service quelconque du département de la guerre, s'il n'est muni d'une pièce constatant sa qualité de Français et d'un certificat du maire de sa commune constatant le lieu de son domicile et témoignant de sa moralité.

Si le soumissionnaire n'est pas domicilié dans l'arrondissement, la légalisation de la signature du maire certificateur est exigée.

Ces pièces sont mises à l'appui de la soumission.

En Algérie, le Ministre de la guerre, et, en cas d'urgence, le général commandant le corps d'armée, pourra, sur la proposition du chef de service, admettre à concourir aux adjudications les étrangers légalement domiciliés, ainsi que les indigènes qui présenteraient les garanties de moralité et de solvabilité nécessaires.

Les quantités mises en adjudication sont indiquées dans l'avis au public et dans le cahier des charges ; elles sont, quand il y a lieu, divisées en lots ; les cahiers des charges déterminent si les lots doivent être adjugés à des soumissionnaires distincts ou si les concurrents peuvent soumissionner plusieurs lots. Dans les adjudications d'objets de même nature dont la quantité totale n'est pas divisée en lots, les soumissionnaires peuvent faire des offres pour une partie de la fourniture, si le cahier des charges prévoit cette faculté, et dans la limite d'un minimum qu'il indique.

---

(1) Les ouvriers militaires ne peuvent soumissionner de fournitures mises en adjudication. (Décis. du 13 septembre 1886, *J. M.*, p. 468.) Ils ne peuvent prendre part en concurrence avec l'industrie civile aux concours restreints auxquels peuvent donner lieu les fournitures nécessaires à l'armée. (Dép. minist. du 14 février 1893.)

Toute soumission peut contenir des offres pour les différentes denrées, matières, objets, etc., que l'adjudication comporte ; mais alors chaque offre constitue un engagement distinct et le rejet ou la non admission de l'une n'entraîne pas le rejet des autres.

Si les fournitures s'appliquent à plusieurs places, une soumission spéciale pour chaque place est exigée, à moins que les magasins des différentes places où doivent avoir lieu les livraisons soient gérés par un même comptable ou un même conseil d'administration ayant à prendre charge de ces fournitures.

Lorsque les soumissions seront présentées par une même personne pour diverses places, l'acceptation d'un ou de plusieurs des engagements, suivant qu'il sera spécifié dans les soumissions, libérera le soumissionnaire de tous les autres.

Le choix des engagements à retenir appartiendra au Ministre et sera immédiatement notifié à qui de droit.

Etablissement des soumissions.

Art. 6. Les soumissions sont établies en simple expédition et doivent remplir les conditions suivantes :

1° Etre établies sur papier timbré, sans que l'inobservation de cette règle puisse être un motif de rejet absolu, mais sous toutes réserves de l'intervention des agents du ministère des finances auxquels sont communiqués le procès-verbal d'adjudication et les soumissions ;

2° Etre conformes au modèle donné à la suite du cahier des charges ;

3° Enoncer d'une manière claire et précise, en toutes lettres, sans ratures ni surcharges non approuvées :

a. Les quantités offertes, exprimées en unités d'après le système métrique et non en termes locaux ;

b. Les prix proposés par quintal métrique, hectolitre, mètre ou toute autre unité de poids et mesures légales indiquée au cahier des charges ; les prix sont exprimés en francs et centimes seulement et toute fraction inférieure au centime est considérée comme non énoncée ; cependant, lorsque la valeur de l'unité des matières ou objets mis en adjudication n'atteint pas le franc, les prix proposés peuvent être exprimés en centimes et millimes ;

4° Ne contenir aucune clause restrictive, résolutoire ou exceptionnelle ;

5° Etre remises cachetées en séance publique au président par le soumissionnaire lui-même ou par un représentant muni de pouvoirs réguliers dûment légalisés et enregistrés, ou, en certains cas déterminés au cahier des charges, muni d'un pouvoir donné par lettre simple ou même par dépêche télégraphique adressée directement au président de la commission et autorisant le mandataire à prendre part, s'il y a lieu, à un nouveau concours et à signer le marché et le procès-verbal s'il est déclaré adjudicataire..

Toutefois, les cahiers des charges peuvent autoriser l'envoi des soumissions par lettres recommandées qui seront adressées soit au président, soit au membre technique.

La suscription de ces lettres doit indiquer qu'elles contiennent les soumissions.

Cautionnements.

Art. 7. 1° Il n'est pas exigé de cautionnement pour les marchés dont l'importance est inférieure à 20,000 fr. à l'intérieur et à 5,000 fr. en Algérie, sauf dans le cas où l'administration confie aux entrepreneurs des matières ou objets pour l'exécution du marché. L'importance du cautionnement est alors variable; il est fixé, au mieux des garanties de l'Etat, par le service compétent.

2° Pour les marchés d'une importance supérieure, la soumission doit contenir l'engagement, si elle emporte l'adjudication, de fournir soit une caution personnelle et solidaire, soit un cautionnement en numéraire, en valeurs ou en immeubles, calculé à raison du dixième du montant du service à exécuter. La personne présentée comme caution signe la soumission avec le soumissionnaire.

Dans les marchés concernant une fourniture, un service ou un travail dont le montant est déterminé par lesdits marchés, le cautionnement peut être, si l'adjudicataire le préfère, remplacé par la retenue du premier dixième du montant des marchés jusqu'au paiement du solde.

En ce qui concerne les marchés par conversion, la remise des vieilles matières aux entrepreneurs ou fournisseurs donne lieu au dépôt d'un cautionnement d'une valeur égale à celle du maximum des vieilles matières qui se trouvent à la fois entre leurs mains. Quant à la fourniture de matières neuves, les règles précédentes sont applicables; le fournisseur peut présenter une caution personnelle ou fournir un cautionnement, mais celui-ci peut descendre jusqu'au $1/20^e$ de la fourniture des matières neuves au lieu du $1/10^e$. Le cahier des charges fixe cette proportion.

De même, si la retenue sur le montant des premières factures doit tenir lieu de cautionnement ou de caution personnelle, cette retenue pourra être réduite dans la même proportion (1).

Obligations résultant du dépôt d'une soumission.

Art. 8. Jusqu'au prononcé de l'adjudication, la remise d'une soumission engage le signataire, qui ne peut la retirer.

Le prononcé de l'adjudication libère tous les soumissionnaires, à l'exception des adjudicataires qui, par ce fait, se trouvent irrévocablement tenus de remplir les obligations mentionnées dans leur soumission et dans le cahier des charges.

---

(1) Voir, pour les dispositions spéciales aux sociétés d'ouvriers français, l'article 33.

Séance d'adjudication.

Art. 9. La commission d'adjudication étant réunie aux jour, lieu et heure indiqués par l'avis au public et la séance ayant été déclarée ouverte, le président fait connaître l'objet de la réunion et dépose sur le bureau la lettre close contenant le prix-limite, s'il y a lieu, en faisant constater que les cachets en sont intacts.

Le membre technique donne lecture de l'instruction sur les adjudications et du cahier des charges si cette lecture est réclamée, passe outre si elle n'est pas demandée.

Le président réclame le dépôt des soumissions, fait connaître le délai exact passé lequel il n'en sera plus accepté, et donne un numéro d'ordre à celles qui ont été successivement remises ou envoyées.

A l'expiration du délai fixé par la commission pour le dépôt des soumissions, le président les décachète successivement dans l'ordre des numéros, les date, les vise et les soumet à l'examen de la commission.

Les soumissions qui présentent quelque défaut de forme sont l'objet, de la part de la commission, d'une décision définitive qui est notifiée de vive voix aux intéressés, séance tenante, avant le prononcé de l'adjudication.

Le président donne ensuite lecture de toutes les soumissions, de celles admises comme de celles qui ont été rejetées à un titre quelconque. Les unes et les autres demeurent annexées au procès-verbal.

Le membre technique fait ensuite établir, en commençant par les soumissions qui expriment les plus faibles quantités, un tableau de classement des soumissions dans l'ordre des moins disants ; à égalité d'offres en prix, les soumissions sont placées dans l'ordre de leurs numéros.

Cette opération terminée, le président donne lecture à haute voix du tableau de classement au public assemblé.

Puis il brise les cachets de la lettre close contenant le prix-limite, communique ce prix aux membres de la commission en rappelant qu'il doit rester absolument secret, et déclare adjudicataires dans l'ordre de leur inscription au tableau de classement, jusqu'à concurrence des quantités mises en adjudication, ceux des soumissionnaires dont les offres sont inférieures ou égales au prix-limite.

Le pli renfermant le prix-limite est ensuite recacheté pour rester annexé, en cet état, au procès-verbal de la séance.

Cas de réadjudication ou de nouveau concours.

Art. 10 (1). L'un des cas suivants peut se présenter au cours

---

(1) Nouvelle rédaction. (Note du 8 janvier 1890, *B. O.*, p. 8.)

d'une adjudication ; la solution en sera donnée d'après les règles ci-après :

1° Les quantités offertes dans la limite du prix fixé par l'administration sont inférieures à la fourniture à faire.

Lorsque l'ensemble des quantités adjugées est inférieur au chiffre de la fourniture à effectuer, le président, après avoir fait connaître la quantité restant à adjuger, appelle à un nouveau concours toutes les personnes présentes, remplissant les conditions imposées par l'article 5. Les offres peuvent être formulées sur les soumissions primitives.

Si ce nouveau concours demeure sans résultat, en tout ou en partie, le président déclare qu'il n'y a pas lieu à adjudication pour la quantité non soumissionnée dans la limite fixée.

2° Les quantités offertes dans la limite du prix fixé par l'administration sont supérieures à la fourniture à faire.

a) La dernière soumission acceptable, s'il n'y a pas d'autres offres égales en prix, est réduite au complément, quel qu'il soit, des quantités à adjuger.

b) Si plusieurs offres, à des prix égaux, sont en présence pour couvrir la quantité complémentaire à adjuger, un nouveau concours est ouvert sur ces prix entre toutes les personnes présentes remplissant les conditions imposées par l'article 5, et les soumissions sont remises à cet effet aux concurrents. L'adjudication est ensuite prononcée, jusqu'à concurrence de la quantité restant à adjuger, au profit des moins-disants. Si l'on se trouve de nouveau en présence de prix égaux, le sort décide dans quel ordre sont désignés les adjudicataires.

En Algérie, lorsque deux concurrents, l'un Français, l'autre étranger ou indigène, auront fait des offres égales et qu'ils se refuseront à faire de nouvelles offres ou qu'un dernier concours sera resté sans résultat, la fourniture sera adjugée au soumissionnaire français, sans qu'il y ait lieu de recourir au tirage au sort.

Réclamations, protestations.

Art 11. Les décisions de la commission sont définitives et sans appel ; elles sont toujours portées à haute voix et pour notification à la connaissance du public et des intéressés.

Toutefois, les protestations ou réclamations qui sont faites séance tenante par un ou plusieurs soumissionnaires font l'objet d'une mention spéciale au procès-verbal de la séance, procès-verbal qui est alors signé par les réclamants.

Dans ce cas, l'approbation est réservée au Ministre, ainsi qu'il est spécifié à l'article 12.

Si aucune réclamation n'a lieu, le procès-verbal le mentionne.

Acceptation des résultats de l'adjudication.

Art. 12. Lorsqu'il y est autorisé par une décision spéciale, le membre technique accepte définitivement et séance tenante les résultats de l'adjudication.

L'approbation ministérielle est toujours nécessaire s'il y a eu réclamations ou protestations insérées au procès-verbal et lorsqu'un seul soumissionnaire s'est présenté à l'adjudication.

Cette approbation n'est pas nécessaire s'il n'a été déposé qu'une soumission à un deuxième concours, alors qu'au premier concours resté infructueux, plusieurs soumissionnaires se sont présentés.

Lorsque l'approbation est réservée au Ministre, le membre technique appelle l'attention de l'adjudicataire sur le caractère provisoire du marché et sur les stipulations de l'article 15 relatives aux délais d'exécution.

Procès-verbal d'adjudication.

Art. 13. Les différentes opérations de la commission et les résultats de l'adjudication sont constatés par un procès-verbal qui tient lieu de marché en cas d'adjudication.

Il est signé, avec les tableaux et annexes, quand il y a lieu, par les adjudicataires et leurs cautions, par les réclamants, ainsi que par les membres et le président de la commission.

Le procès-verbal est soumis à la formalité du timbre. Après avoir été enregistré à la diligence de l'administration, il reste déposé dans les archives du service intéressé et le membre technique en délivre, à qui il appartient, toute copie ou extrait nécessaire.

Une expédition du procès-verbal est transmise dans les vingt-quatre heures au directeur du service intéressé, par les soins du membre technique, qui délivre également aux adjudicataires un extrait dudit procès-verbal établi conformément au modèle annexé à la présente instruction.

Absence de l'adjudicataire ou de sa caution. — Refus de signer.

Art. 14. Si, au moment de la clôture des opérations de la commission, l'adjudicataire ou sa caution sont absents et non représentés, ou si, présents, ils refusent de signer le procès-verbal d'adjudication, mention en est faite à ce procès-verbal auquel la soumission reste d'ailleurs annexée, conformément à ce qui est dit à l'article 9. Le membre technique fait adresser un extrait conforme du procès-verbal au domicile de l'adjudicataire et de sa caution. Cette notification a lieu par voie administrative.

Délais d'exécution.

Art. 15. Lorsque les marchés ont été acceptés définitivement en séance par le membre technique, opérant au nom et pour le compte de l'Etat, les délais d'exécution courent du jour de l'adjutication.

Si l'approbation a été réservée au Ministre, les délais ne courent que du jour de la notification à l'intéressé de l'approbation minisdérielle.

Insuccès d'une adjudication. — Marché de gré à gré (1).

Art. 16. Si l'adjudication n'a donné aucun résultat, tant après un premier qu'après un second concours, ou seulement un résultat partiel, le président annonce que le membre technique est autorisé à recevoir, pendant un délai de quarante-huit heures, les offres qui lui seront faites soit par des personnes ayant pris part à l'adjudication, soit par toutes autres réunissant les conditions requises des précédents soumissionnaires. Il fait connaître que ces offres doivent être écrites ou signées par leurs auteurs (ou par leurs fondés de pouvoirs, munis de procuration régulière) et remises sous pli cacheté ; elles engagent le soumissionnaire jusqu'à la décision qui sera prise.

Le membre technique indique l'heure à laquelle expire le délai pendant lequel il peut recevoir des offres, et à l'expiration duquel il ouvrira et comparera les offres déposées.

Les soumissionnaires sont admis à ce dépouillement.

Le membre technique accepte définitivement, s'il y est autorisé, ou provisoirement, dans le cas contraire, les offres les plus avantageuses à l'Etat, dans les conditions du prix-limite ; dans le cas où ces nouvelles offres, qui ne peuvent d'ailleurs être faites qu'une fois, se trouveraient égales, la désignation de l'adjudicataire serait faite par le tirage au sort, sauf les exceptions prévues pour l'Algérie (art. 10, dernier paragraphe, et, pour les sociétés d'ouvriers, art. 33, § 3 .

Il réserve toujours l'approbation du Ministre, s'il y a protestation ou réclamation ou s'il ne se présente qu'un soumissionnaire à ce concours des quarante-huit heures.

---

(1) Lors de la passation de marchés de gré à gré, il appartient exclusivement au fonctionnaire militaire directeur du service, lorsqu'il s'agit d'une société, de s'assurer, en exigeant la production des justifications nécessaires, que la personne avec laquelle il se propose de traiter est munie de pouvoirs qui lui permettent d'engager valablement ladite société.

Chaque marché de cette nature, soumis à l'approbation du Ministre, doit être accompagné des pièces produites pour justifier les pouvoirs du signataire, ou tout au moins d'une déclaration formelle du fonctionnaire militaire chef du service intéressé, certifiant que cette justification lui a été faite. (Note du 20 juin 1885, J. M., p. 1299.)

TITRE III.

DES ADJUDICATIONS COMPORTANT UNE SÉANCE PRÉPARATOIRE

SECTION Iʳᵉ.

OPÉRATIONS PRÉCÉDANT LA SÉANCE D'ADJUDICATION.

Conditions d'admission des soumissionnaires.

Art. 17 (1). Toute personne qui a l'intention de concourir à l'adjudication adresse ou dépose entre les mains du membre technique de la commission d'adjudication, et dans le délai fixé par les avis au public :

1° Une déclaration indiquant son intention de soumissionner, ses nom, prénoms, domicile et qualité, et spécifiant, s'il y a lieu, le nombre de lots ou les arrondissements de fournitures pour lesquels elle demande à concourir ;

2° Une pièce constatant sa qualité de Français (2) ;

Toutefois, en Algérie et en Tunisie, le Ministre de la guerre, et, en cas d'urgence, le général commandant le corps d'armée pourra, sur la proposition du chef de service, admettre à concourir les étrangers légalement domiciliés, ainsi que les indigènes qui présenteraient les garanties de moralité et de solvabilité nécessaires.

3° Un extrait de son casier judiciaire pour établir qu'elle n'a jamais été déclarée en état de faillite, ou qu'elle a été réhabilitée et qu'elle n'est pas en état de liquidation judiciaire. Cette dernière pièce ne doit pas avoir plus de trois mois de date au moment de sa production.

---

(1) Nouveau texte. (Notes des 8 janvier 1890 et 11 février 1891, *B. O.*, p. 8 et 130.)

(2) Entre autres pièces pouvant établir cette qualité, on peut citer :

1° Certificat de l'autorité civile constatant que l'intéressé jouit de ses droits civils et politiques ;

2° Certificat d'inscription sur les listes électorales ;

3° Carte d'électeur ;

4° Certificat de l'autorité militaire établissant que le candidat a satisfait, en France, aux obligations de la loi sur le recrutement.

Cette énumération n'est pas et ne saurait être absolument limitative.

Les commissions d'adjudication pourront admettre au lieu et place des pièces qui viennent d'être énumérées toutes celles qui établiront, d'une manière incontestable, à leurs yeux, que le concurrent est bien Français. La preuve de cette qualité peut, en effet, résulter, suivant la situation des intéressés, de la production d'autres documents authentiques dont on ne peut, à l'avance, établir la nomenclature complète.

Toutefois, les anciens faillis concordataires qui auront bénéficié de la disposition transitoire de l'article 25 de la loi du 4 mars 1889, ainsi que les personnes admises à la liquidation judiciaire en vertu de la même loi, pourront solliciter leur admission à concourir en produisant : soit le jugement déclarant que les intéressés ne seront soumis qu'aux incapacités édictées par l'article 21 de la loi du 4 mars 1889 ; soit le jugement qui les a admis à la liquidation judiciaire, ainsi que l'autorisation spécialement délivrée par le juge commissaire en vue de l'adjudication à intervenir.

4° Un état indiquant les entreprises de fournitures ou de travaux pour les services publics dont le signataire aurait été antérieurement adjudicataire, soit seul, soit en société.

5° La déclaration écrite, accompagnée des pièces mentionnées aux 2° et 3° du présent article, d'une personne s'engageant solidairement avec le demandeur pour l'exécution du service à entreprendre.

6° S'il s'agit d'une fabrication de matières ou objets, ou de confections, la patente de fabricant peut être exigée, ainsi que la production des pièces spéciales ci-après énumérées :

a. Un acte de notoriété passé devant notaire, attestant que les usines, ateliers, machines, ustensiles, engins et agrès nécessaires pour l'exécution de la fourniture ou du service à entreprendre appartiennent réellement en toute propriété au demandeur. A défaut du titre de propriété, il devra fournir un bail ou promesse de bail authentique, constatant que la jouissance des lieux, de la force motrice et du matériel est exclusivement réservée au locataire pour une durée non interrompue suffisante pour l'exécution complète et entière du service à entreprendre. Sera réputé non valable tout bail qui réserverait au propriétaire la faculté de résilier avant la complète exécution du service. De plus, le bailleur doit consentir expressément à la rétrocession de ses ateliers et usines à l'Etat, si cette condition est prévue par le cahier des charges. Cette rétrocession est réglée soit amiablement, soit par expertise contradictoire.

b. Les plans des usines et ateliers dans lesquels le demandeur se propose de fabriquer, de confectionner ou de transformer des matières, denrées ou effets, selon la nature du service à entreprendre, avec l'état détaillé du conditionnement de l'outillage. Ces usines et ateliers doivent être situés sur le territoire français ; les plans et leurs annexes sont certifiés par l'architecte départemental.

c. Une déclaration indiquant la force motrice, soit à vapeur, soit hydraulique, dont chaque usine dispose, en tenant compte, pour la force moyenne à attribuer aux moteurs hydrauliques, des chômages forcés causés par la baisse ou la crue des eaux.

Le membre technique donne au déposant un récépissé énumératif de toutes les pièces déposées.

En cas d'adjudication de même nature sur plusieurs points.

notamment pour les entreprises de fournitures à la ration, toute personne ayant effectué sur un point le dépôt des justifications exigibles, peut, sans être obligé de produire de nouveau les mêmes pièces, demander à être admise dans tout autre arrondissement de fourniture.

A cet effet, elle adresse en temps utile à la commission préparatoire de cet arrondissement, la demande appuyée de l'attestation du dépôt des pièces en question, délivrée par le membre technique de la commission de l'arrondissement où ce dépôt aura été effectué. Dans ce cas, le soumissionnaire est admis sous réserve; il doit présenter à la commission, en séance d'adjudication, soit la preuve de la régularité des pièces déposées devant une autre commission, soit la justification de son admission dans un autre arrondissement. La commission d'adjudication délibère et statue sommairement et définitivement, en séance, sur l'admission ou le rejet.

Conditions d'admission particulières aux sociétés.

Art. 18. Les sociétés en nom collectif ou en commandite qui veulent concourir, produisent les pièces énumérées en l'article qui précède sous les cotes 1°, 4°, 5°, 6°, et de plus, les pièces 2°, 3°, pour chacun des sociétaires.

Elles produisent en outre :

Une copie légalisée de l'acte constitutif de la société, des statuts et des documents modificatifs, s'il y a lieu. L'acte constitutif ne sera valable qu'autant que la durée de ladite société, qui ne devra pas être illimitée, sera au moins égale à la durée du marché à intervenir, et qu'il ne stipulera pas de réserves de nature à affaiblir la solidarité imposée par la loi aux membres de toute société dûment constituée.

Pour les sociétés anonymes : mêmes justifications; sauf les pièces indiquées sous les nᵒˢ 2 et 3 de l'art. 17.

La caution personnelle et solidaire exigée par le § 5 du même article ne devra être ni directeur, ni membre du conseil d'administration de la société.

Pour ces mêmes sociétés, il sera en outre produit :

1° Une déclaration signée par le président du conseil d'administration et légalisée, faisant connaître les noms de la personne ou des personnes qui, d'après les statuts, ont qualité pour traiter au nom de la société ;

2° Un certificat délivré par le greffier du tribunal de commerce du lieu où est établi le siège de la société, constatant qu'elle n'est ni en état de faillite, ni en état de liquidation judiciaire.

Pour les sociétés à capital variable, les conditions d'admission seront celles énoncées aux paragraphes 1 et 2 du présent article, si ladite société est en nom collectif ou en commandite, et celles des paragraphes suivants, si la société à capital variable est une société anonyme. (Note du 6 novembre 1892, *B. O.*, p. 195.)

Art. 19. Les cahiers des charges indiqueront les pièces énumérées aux deux articles prédédents, dont pourront être dispensés les titulaires de marchés en cours d'exécution.

Clôture de la liste des déclarations reçues.

Art. 20. Le membre technique dresse la liste des déclarations reçues, et l'arrête définitivement à l'expiration du délai fixé pour le dépôt.

S'il s'agit d'opérations d'un caractère général ou spécial devant avoir lieu à Paris ou dans des centres déterminés, la liste ainsi dressée, arrêtée et appuyée des déclarations, est transmise au Ministre de la guerre par la voie hiérarchique.

S'il s'agit seulement d'une adjudication locale ou restreinte à un arrondissement déterminé, cette liste est conservée par le membre technique, qui en adresse seulement une expédition au directeur du service intéressé.

Dès la réception des déclarations d'intention de soumissionner, le membre technique s'occupe de recueillir auprès des autorités municipales, des tribunaux et des chambres de commerce, tous les renseignements propres à éclairer la commission d'admission sur l'aptitude générale, la moralité commerciale et la solvabilité des signataires des déclarations et de leur caution personnelle. Si les postulants ont été ou sont titulaires de marchés avec l'administration de la guerre, des renseignements sont demandés en outre sur la manière dont ils exécutent leurs engagements.

Visites des usines, manufactures, ateliers, etc.

Art. 21. Le Ministre peut, s'il le juge nécessaire, faire visiter par des commissions spéciales instituées à cet effet, les usines, manufactures, ateliers, chantiers, etc., indiqués par les signataires des déclarations comme devant être affectés à l'exécution du service à entreprendre, afin de s'assurer qu'ils remplissent toutes les conditions exigées par les cahiers des charges, et de se rendre compte du chiffre maximum de la production qu'ils peuvent donner dans les limites d'un bon conditionnement de la fourniture ou du service à exécuter.

Les résultats de la visite de chaque usine, manufacture, atelier, chantier, etc., sont constatés par un certificat de vérification qui est communiqué sur les lieux mêmes aux interessés pour être signé par eux et recevoir toutes observations qu'ils jugeraient devoir faire.

Ces certificats de vérification sont transmis par le Ministre à la commission d'admission pour être examinés et rester annexés au dossier de la déclaration de chaque postulant.

Composition de la commission d'admission.

Art. 22. La commission d'admission sera composée ainsi qu'il suit :

Le maire ou son délégué, président (1) ;

Le membre technique ;

Un membre du conseil municipal désigné par le préfet ou le sous-préfet (2) ;

L'officier membre de la commission d'adjudication et un second officier de la garnison, l'un et l'autre désignés par l'autorité militaire.

La commission d'admission délibère et statue définitivement sur l'admission des concurrents et de leurs cautions, et s'il y a lieu, sur le nombre de lots ou sur l'importance des fournitures, travaux, confections, etc., qui peut être confié à chacun d'eux suivant les moyens de production ou d'exécution dont il a été justifié.

Le résultat des délibérations de la commission est constaté par un procès-verbal qui contient, complètes et séparées, d'une part, la liste des admis avec le nombre de lots ou d'arrondissements de fournitures, etc., qui pourront leur être adjugés, et d'autre part la liste des non-admis.

Ces listes sont dressées dans l'ordre alphabétique. Elles doivent être tenues secrètes ; le membre technique adresse, en conséquence, sous plis cachetés, les expéditions des procès-verbaux de séance preparatoire qu'il a à envoyer.

Une copie du procès-verbal de la séance d'examen est adressée immédiatement et directement au Ministre (service compétent) par le membre technique de la commission.

Notification des décisions de la commission.

Art. 23. Les décisions de la commission sont notifiées le jour même de la séance d'examen par les soins du membre technique aux intéressés à la disposition desquels sont mises des formules de soumission et d'engagement de caution.

Ces décisions n'énoncent pas les motifs de la commission.

<h2 align="center">SECTION II.</h2>
OPÉRATIONS DE L'ADJUDICATION PROPREMENT DITE.

Comment sont établies les soumissions.

Art. 24. Toute personne admise à concourir peut soumissionner pour le nombre de lots ou d'arrondissements de fourniture qu'elle juge convenable. Mais elle ne sera déclarée adjudicataire que pour le nombre de lots ou d'arrondissements de fourniture correspondant au maximum déterminé.

---

(1) L'absence du maire ou de son délégué n'empêchera pas les décisions de la commission d'être valables ou exécutoires. En son absence, la présidence appartient à l'officier ou au fonctionnaire le plus élevé en grade, à égalité de grade à l'officier.

(2) L'absence de ce membre n'empêchera pas les décisions de la commission d'être valables et exécutoires.

Art. 25. Toutes les dispositions énumérées aux articles 6, 8 et 9 et relatives à l'établissement et au dépôt des soumissions, aux obligations qui résultent de ce dépôt, à la séance d'adjudication, à la rédaction et à la conservation du procès-verbal, s'appliquent aux adjudications qui font l'objet du présent titre, sauf que le dépôt des soumissions sera précédé de la lecture faite à haute voix, par le président, de la liste des concurrents admis.

Lorsque l'adjudication aura pour objet une fourniture ou un service non divisible, les offres égales formulées par plusieurs concurrents dans les limites du prix fixé par l'administration, et qui présentent en même temps les prix les plus bas, donnent lieu à un nouveau concours entre ces soumissionnaires seulement.

Si ce nouveau concours demeure sans résultat, ou si les concurrents refusent de faire de nouvelles offres, le sort décide entre eux, sauf en Algérie et en Tunisie, en cas de concurrence entre Français et étranger ou indigène, et s'il s'agit de sociétés d'ouvriers français. Dans ces deux derniers cas, les dispositions spéciales mentionnées aux articles 10 (dernier paragraphe) et 33 (§ 3), sont applicables.

Constitution d'un cautionnement provisoire.

Art. 26. Les cahiers des charges et l'avis au public pourront prescrire la réalisation d'un cautionnement provisoire, qui pourra être constitué, soit en numéraire, soit en valeurs sur l'Etat. Le récépissé de versement au Trésor devra être joint à la soumission.

La production de ce récépissé est de rigueur, et il ne peut y être suppléé par aucune remise de valeurs sur le bureau, en séance d'adjudication. Ces récépissés seront rendus, à l'issue de la séance, à tous les soumissionnaires non déclarés adjudicataires, après que l'annotation suivante y aura été inscrite par le président : « M. N..., n'ayant pas été déclaré adjudicataire, a droit à la restitution de son cautionnement provisoire. »

Les récépissés des soumissionnaires déclarés adjudicataires sont conservés à l'appui de leur marché jusqu'à ce qu'ils aient justifié de la réalisation d'un cautionnement définitif.

TITRE IV.

DISPOSITIONS SPÉCIALES A CERTAINES ADJUDICATIONS.

1° Adjudication provisoire.

Cas d'adjudication provisoire.

Art. 27. Lorsque, par application des dispositions de l'article 16 du décret du 18 novembre 1882, le cahier des charges spécifie qu'il peut être reçu des offres de rabais sur le prix d'une adjudication, l'opération est dite « adjudication provisoire », et il est procédé, alors, comme ci-après.

Dans tous les cas, les offres de rabais ne peuvent être inférieures à 10 p. 100 sur les prix de l'adjudication provisoire.

Les offres de rabais peuvent être présentées même par des personnes qui n'ont pas pris part à l'adjudication provisoire, pourvu que leurs offres soient appuyées de toutes les pièces et justifications qni sont exigées des autres soumissionnaires par le cahier des charges.

Elles sont, comme les soumissions elles-mêmes, formulées sur papier timbré.

Un délai, qui ne peut excéder vingt jours, est accordé pour la présentation des offres de rabais. Le cahier des charges indique dans quelle forme et à qui doivent être adressées ces offres, lesquelles ne doivent être ouvertes que dans la séance de réadjudication dont la date a d'ailleurs été fixée à l'avance.

Réadjudication à la suite du dépôt d'offres de rabais sur une adjudication.

Art. 28. Lorsque, conformément aux stipulations du cahier des charges, des offres de rabais sur les prix de la première adjudication ont été présentées dans le délai qui a été fixé, il est procédé à une réadjudication entre le premier adjudicataire et le ou les auteurs des offres de rabais.

Le dépouillement des nouvelles offres faites tant par l'adjudicataire provisoire que par ses concurrents ayant été opéré, le président proclame le moins disant adjudicataire définitif.

Dans le cas où ces nouvelles offres, qui ne peuvent d'ailleurs être faites qu'une seule fois, se trouveraient égales, la désignation de l'adjudicataire serait faite par le tirage au sort, sauf l'exception prévue pour l'Algérie et la Tunisie et pour les sociétés d'ouvriers (art. 10 et 33).

Procès-verbal de l'opération.

Art. 29. Il est dressé un procès-verbal de la réadjudication, lequel est signé par l'adjudicataire, par sa caution et par les membres de la commission.

L'acceptation du marché a lieu soit définitivement, soit provisoirement, au nom du Ministre, selon que le stipule le cahier des charges.

Détail de l'opération.

Art. 30. Pour le détail et la marche des opérations que comporte ce mode spécial d'adjudication, on se conforme aux règles générales tracées dans les titres I, II et III de la présente instruction, ainsi qu'aux dispositions particulières que détermine le cahier des charges, ou les instructions spéciales du Ministre.

2° *Concours d'échantillons.*

Dépôt et examen des échantillons.

Art. 31. Lorsque, pour des fournitures spéciales, le cahier des charges spécifie que l'adjudication aura lieu au concours d'échantillons et de prix, il est procédé ainsi qu'il suit :

Jusqu'à une date qui a été fixée, les échantillons et les soumissions sont *ensemble* déposés ou envoyés au lieu qui a été indiqué, soit à un établissement, soit au membre technique, et il en est délivré ou adressé un récépissé au déposant.

La liste des personnes ayant déposé des échantillons et des soumissions est arrêtée au jour qui a été fixé comme délai de dépôt.

La commission (d'adjudication) se réunit alors pour procéder, avec l'aide de personnes compétentes désignées à cet effet au cahier des charges, à l'examen et aux épreuves des échantillons envoyés ; un coefficient est attribué en raison de leur qualité relative à chacun des échantillons réunissant les conditions d'admission.

L'opération est constatée par un procès-verbal que signent toutes les personnes y participant et dont il est donné lecture dans la séance ultérieure d'adjudication.

Séance d'adjudication.

Art. 32. Les concurrents dont les échantillons ont été admis prennent seuls part à l'adjudication. Les soumissions des autres leur sont renvoyées ou remises sans avoir été ouvertes, après la séance d'adjudication.

Les soumissions des concurrents admis, classés dans l'ordre de leur dépôt, sont ouvertes en séance d'adjudication par le président qui en donne lecture à haute voix. Le classement des offres formulées est fait en combinant les prix stipulés avec les coefficients attribués aux échantillons ; le soumissionnaire qui a fait les offres combinées les plus avantageuses est déclaré adjudicataire si elles sont d'ailleurs dans la limite de prix qui peut avoir été fixée.

Si aucune limite de prix n'a été préalablement arrêtée, l'approbation de l'adjudication est réservée au Ministre.

A parité d'offres combinées, un second concours est ouvert entre les concurrents ayant fait des offres égales, et, s'ils refusent de formuler de nouvelles offres, ou bien si, en ayant fait, elles se trouvent encore égales, le sort désigne l'adjudicataire.

Dispositions spéciales aux sociétés d'ouvriers français admises à soumissionner. (Décret du 4 juin 1888.)

Art. 33. Les sociétés d'ouvriers français, constituées dans l'une des formes prévues par l'article 19 du Code de commerce ou par la loi du 24 juillet 1867, peuvent soumissionner dans les conditions ci-après déterminées, lorsque le Ministre de la guerre aura jugé que l'admission de ces sociétés ne peut être préjudiciable aux intérêts du service.

1. — Pour être admises à soumissionner, ces sociétés devront préalablement produire ;

1° La liste nominative de leurs membres ;

2° L'acte de société ;

3° Des certificats de capacité délivrés aux gérants administrateurs ou autres associés spécialement délégués pour diriger l'exécution des fournitures qui font l'objet du marché, et assister aux opérations destinées à constater la quantité de fournitures livrées.

Les sociétés indiqueront, en outre, le nombre minimum des sociétaires qu'elles s'engagent à employer à l'exécution du marché.

Les pièces justificatives ci-dessus indiquées doivent être produites dix jours au moins avant l'adjudication.

2. — Les sociétés d'ouvriers sont dispensées de fournir un cautionnement, lorsque le montant du marché ne dépasse pas 50,000 francs.

3. — A égalité de prix ou de rabais entre une soumission d'entrepreneur ou fournisseur et une soumission de société d'ouvriers, cette dernière sera préférée.

Dans le cas où plusieurs sociétés d'ouvriers offriraient le même rabais, il sera procédé à une réadjudication entre ces sociétés sur de nouvelles soumissions.

Si les sociétés se refusent à faire de nouvelles offres ou si les nouveaux rabais ne différaient pas, le sort en déciderait.

4. — Des marchés de gré à gré peuvent également être passés avec ces sociétés pour des fournitures dont la dépense totale n'excède pas 20,000 francs.

Paris, le 31 juillet 1889.

Le Ministre de la guerre,

Signé : C. DE FREYCINET.

MINISTÈRE
DE LA GUERRE.

ᵉ DIRECTION.

ᵉ BUREAU.

ᵉ CORPS D'ARMÉE
ou

(1)   MILITAIRE d

PLACE d

SERVICE d

FOURNITURE d

N° 278
de la nomenclature.

EXTRAIT DU PROCÈS-VERBAL D'ADJUDICATION.

Suivant procès-verbal en date du   18 , été déclaré adjudicataire des fournitures indiquées ci-après, savoir :

NOM ET RÉSIDENCE D' ADJUDICATAIRE	NATURE des FOURNITURES.	QUANTI- TÉS.	PRIX de l'unité.	DÉCOMPTE	CAUTION- NEMENT	DÉLAI DE LIVRAISON.

(2)   RÉALISATION DU CAUTIONNEMENT.

APPROBATION DU PROCÈS-VERBAL D'ADJUDICATION.

Le procès-verbal d'adjudication susmentionné a été approuvé par le   , le   18 .

ENREGISTREMENT.

Enregistré à   le   18 , folio , case , reçu   francs   centimes, décimes compris.

Signé :

Pour extrait :
Le Sous-Intendant militaire,

(1) Gouvernement ou division.

(2) Le cautionnement susmentionné a été réalisé en { numéraire / rentes sur l'Etat } le

ou

L'adjudicataire propose pour caution personnelle et solidaire M.   demeurant à

ou

Pour tenir lieu de cautionnement, l'adjudicataire ne recevra le 1ᵉʳ dixième de fourniture totale qu'avec le montant de dernière livraison.

Dispositions diverses à insérer dans le cahier des charges
et les marchés.

Il ne doit être inséré dans les marchés aucune clause qui tendrait à dispenser les entrepreneurs de l'obligation d'acquitter le droit de patente. (Décision du 27 septembre 1828, *J. M.*, p. 256.)

Note du 4 mars 1879 (*J. M.*, p. 243), relative à l'insertion, dans les cahiers des charges, des dispositions spéciales concernant le mode de réalisation et de restitution des dépôts de garantie et des cautionnements exigés des entrepreneurs et des fournisseurs du département de la guerre.

Circulaire du 10 septembre 1885 (*J. M.*, p. 535), au sujet des pénalités pour retards dans l'exécution des marchés et dans la production des titres de créance.

Note du 2 décembre 1885 (*J. M.*, p. 1108), relative à la concession des sursis de livraison demandés par les entrepreneurs du service de l'habillement.

Note du 21 mars 1886 (*J. M.*, p. 253), relative à l'application des dispositions des cahiers des charges qui édictent la déchéance pour les factures produites tardivement.

Note du 9 avril 1886 (*J. M.*, p. 478), relative au chômage des canaux et rivières, au point de vue de l'exécution des marchés de fournitures de denrées ou de matériel du service des subsistances.

Note du 15 mai 1886 (*J. M.*, p. 555), relative à la concession de sursis aux fournisseurs de denrées du service des subsistances militaires par marchés de livraison.

Circ. du 4 octobre 1886 (*J. M.*, p. 525), au sujet de la préférence à donner aux produits français dans les fournitures à faire au département de la guerre.

Note du 30 mai 1889 (*B. O.*, p. 1095), prescrivant l'insertion, dans les cahiers des charges et marchés, d'une clause relative au cas d'admission des entrepreneurs au bénéfice de la liquidation judiciaire.

Note du 19 juin 1889 (*B. O.*, p. 1224), prescrivant l'insertion dans le cahier des charges des marchés du service du génie d'une clause relative au cas d'admission des entrepreneurs au bénéfice de la liquidation judiciaire.